Yves Pinguilly

Le voyage du chat

Éditions Volpilière
Roman jeunesse

« Ma parole, pensa Alice, j'ai souvent vu un chat sans sourire, mais jamais un sourire sans chat !…

C'est la chose la plus curieuse que j'ai jamais vue de ma vie ! »

LEWIS CARROLL, *Alice au Pays des Merveilles.*

Un

Tout a commencé un mercredi.

Ce n'était ni la saison sèche ni la saison des pluies, c'était le printemps. Les cloches de l'église sonnaient… en quel honneur ?

Leur ding ding dong rentrait avec le ciel bleu par la fenêtre ouverte. Il était onze heures du matin.

Marie-Apolline regardait sa mère qui à toute vitesse s'était préparée. Elle cherchait et fouillait par-ci, par-là. Comme toujours, au moment de sortir, elle accusait le monde entier de lui avoir caché son sac. Une fois de plus, il était presque devant ses yeux, posé entre le téléphone et un vase sans fleur. Ouf, elle le trouva, vérifia si son portefeuille était bien dedans et informa :

— Marie-Apolline, Louis, je vais chez le coiffeur. Ne faites pas de bêtises, on mangera ensemble quand je rentrerai.

Louis en pyjama, capturait des kangourous sur l'écran de son ordinateur. Il ne répondit pas. Marie-Apolline demanda :

— Tu les fais couper ou friser ?

— Friser. Je veux des cheveux qui pétillent comme de la limonade, des cheveux à ressorts.

Elle sortit, claqua la porte derrière elle et Marie-Apolline se retrouva là, au douzième étage, avec son frère qui faisait presque du bouche à bouche à son écran. Des petits points de poussière, venus peut-être d'une autre planète brillaient dans un rayon de soleil. Au-dessus du canapé, la Joconde, souriante dans son cadre était aussi sage qu'une Belle au bois dormant attendant son prince charmant.

Pour passer le temps, Marie-Apolline commença par essayer une des paires de chaussures à talons hauts de sa mère. Heureusement sa mère avait des petits pieds et Marie-Apolline des pieds plus grands que son âge. « Pas mal… ». Ces chaussures dernière mode lui allaient bien. Elle chercha et trouva un bâton de rouge à lèvres. Du rouge un peu bleu… Elle en passa juste ce qu'il faut sur ses deux lèvres et elle se regarda dans le miroir de la salle de bain. « Je suis plus belle qu'une coiffeuse, et même plus belle que la boulangère qui vient juste de se marier. », pensa-t-elle.

Elle demanda à son frère :

— On joue ensemble ?

Pas de réponse. Louis avait quitté le pays des kangourous pour affronter le Chevalier Noir qui voulait passer la montagne et kidnapper la Fille des Neiges.

Marie-Apolline n'insista pas. Elle regarda par la fenêtre les toits de Paris qui avec leurs antennes de télévision proposaient vingt-quatre heures sur vingt-quatre des images du monde entier.

Elle était là, à se demander si les antennes partaient en vacances de temps en temps au-dessus des nuages, quand elle aperçut son chat, là-bas, qui tournait autour d'une cheminée.

Le chat de Marie-Apolline, n'était pas un de ces chats ordinaires qui va à l'école parce que l'école est obligatoire ou qui se brosse les dents comme tout le monde, deux fois par jour, même le dimanche. Non. Le chat de Marie-Apolline c'était un chat noir et blanc qui ressemblait aux touches d'un piano. C'était un chat qui du côté de son père avait des ancêtres gravés sur les pyramides d'Égypte, et du côté de sa mère des arrière, arrière, arrière-grands-parents qui avaient découvert l'Amérique avec *Christophe Colomb*.

Le chat de Marie-Apolline, c'était Bouboule.

Marie-Apolline vit Bouboule regarder dans la cheminée comme s'il guettait le retour du Père Noël et ensuite aller un peu plus loin se promener juste au bord du toit. Exactement au bord ! À presque zéro millimètre de la gouttière !

Aussitôt elle poussa un cri d'alarme et l'appela :

— Bououououbouou… lle, Bououououbouou… lle attention ! Tu vas tomber ! Bououououbouou… lle, reviens.

Bouboule qui n'était sourd d'aucune oreille, fit celui qui n'écoutait que le bruit des deux nuages qui se promenaient dans le ciel, et il continua à faire l'équilibriste au péril de sa vie.

Marie-Apolline à présent hurlait :

— Bouboule, mon chatounet chéri, mon miamiou à moi, mon amour, reviens. Tu vas te casser la margoulette ! Tu vas tomber et exploser en mille morceaux !

Marie-Apolline eut beau crier toutes sortes de mots, rien n'y fit. Bouboule continua au risque de sa vie à marcher juste au bord du toit. Mieux. Plus mieux, même : arrivé au bout du toit, il prit son élan et sauta par-dessus le vide pour se rétablir sur l'autre toit, de l'autre côté de la rue.

Le cœur de Marie-Apolline qui s'était mis à battre à cent à l'heure dans sa poitrine, faillit s'arrêter d'un seul coup. Heureusement, elle eut le réflexe de respirer par la bouche un grand bol d'air et elle continua à vivre.

Louis qui avait entendu les cris de sa sœur, croyait que c'étaient les hurlements de peur de la Fille des Neiges, qui venait de voir l'ombre bleue du Chevalier Noir sur la neige…

Marie-Apolline malgré ses tremblements prit son courage à deux mains et garda les deux yeux ouverts pour observer son Bouboule risquer sa vie et risquer la mort au bord du bout du toit d'en face. Bouboule sans se soucier du danger fit alors le pire qu'il pouvait faire : il pencha sa tête dans le vide, puis mit sa patte avant droit sur la gouttière et ensuite sa patte avant gauche. Quand ce fut fait, il commença avec toutes ses pattes à descendre par là. Avant même qu'il n'atteigne le onzième étage Marie-Apolline se précipita sur le téléphone et tenta d'alerter le SAMU.

La dame qui lui répondit au bout du fil lui demanda très sèchement de raccrocher et de ne pas recommencer à faire de bêtises avec le téléphone.

Elle songea alors pendant un millième de seconde à appeler les pompiers. Pendant un autre millième de seconde elle s'imagina sautant par la fenêtre après avoir ouvert le parapluie de sa mère. Elle y renonça : sa mère n'avait pas de parapluie ! Alors, sans perdre un instant elle cria à son frère :

— Je descends dans la rue essayer de sauver la vie de Bouboule.

Louis s'écria « bravo ». Le Prince des Glaces venait tout juste sur l'écran de l'ordinateur de vaincre en combat singulier le Chevalier Noir. La fille des Neiges laissait couler sur ses deux joues des larmes de joie.

Marie-Apolline descendit par les escaliers. Elle était sûre d'arriver en bas plus vite qu'avec l'ascenseur. Malgré ses chaussures à talons hauts et son rouge à lèvres, elle se retrouva vite fait au rez-de-chaussée. Elle regarda à droite une fois, à gauche une autre fois. Rien.

Elle chercha alors de l'autre côté de la rue, et elle aperçut là-bas, son Bouboule qui sans craindre d'être écrasé par un piéton fou partait quelque part…

Deux

Difficile de courir vite sur un trottoir de Paris quand il est presque midi. Marie-Apolline zigzagua comme un moustique fou pour tenter de rattraper son chat. Quand elle arriva au coin de la rue, elle l'aperçut qui se glissait dans le métro. Sans reprendre son souffle, elle continua à courir.

Bouboule se faufilait entre les pieds des Parisiens et des Parisiennes, aussi bien que l'air de Paris. Sans billet, il se glissa sous le portillon et se dirigea vers le quai. Marie-Apolline aperçut le bout de sa queue qui descendait sur les marches de l'escalier. Sans payer plus que son chat, elle passa le portillon collée à une grand-mère. Quand elle se retrouva sur le quai, le métro allait juste partir, direction Porte de Clignancourt. Elle sauta la dernière dans le premier wagon, au moment où Bouboule venait de monter le dernier, dans le deuxième wagon. Elle se retrouva coincée entre un beau roi d'Afrique habillé d'un grand boubou blanc, et une danseuse de l'opéra qui heureusement pour elle ne voyageait pas en tutu, mais en robe longue à fleurs.

En se mettant sur la pointe des pieds, Marie-Apolline aperçut dans l'autre wagon, son Bouboule qui semblait lire le journal, par-dessus l'épaule d'un monsieur.

Quand le métro s'arrêta à Saint Germain des Prés, elle ne réussit pas à sortir et resta coincée entre le roi d'Afrique et la danseuse d'opéra. Il en fut de même à la station Odéon, à la station Saint Michel et à la station Cité. Enfin, à la station Châtelet, le roi d'Afrique qui était peut-être un grand sorcier prit la danseuse par le bras et ensemble, ils s'en allèrent. Marie-Apolline descendit juste à temps pour apercevoir une nouvelle fois la queue de Bouboule qui se dirigeait vers la sortie.

Suivre une queue de chat, ou un chat tout entier, ce n'est pas ce qu'il y a de plus facile dans le métro. Tout le monde respecte un chat et lui cède le passage. Mais, les vieux messieurs aux cheveux blancs tout comme les vieux messieurs chauves se croient prioritaires, tout comme les vieilles dames avec leurs chapeaux de l'ancien temps. Ni eux ni elles ne cèdent le passage à une petite fille. Marie-Apolline perdit du terrain sur son chat et elle le perdit de vue.

Quand elle eut remonté une douzaine de marches, elle se retrouva sur le trottoir, seule au milieu des milliers de Parisiens. Que faire ? Difficile de choisir entre la droite ou la gauche ou l'avant ou l'arrière. Comme une somnambule qui saurait se diriger par enchantement, elle traversa et se retrouva près du théâtre. Elle fit deux pas et vit son Bouboule qui tournait là-bas à droite.

Elle se précipita. Plus rien. Le trottoir était encombré d'hommes et de femmes. Normal. Mais, en plus des êtres humains, il y avait aussi sur ce trottoir-là des plantes vertes, des arbres nains, des oiseaux dans des cages et toutes sortes de poissons dans des aquariums. Tous les magasins débordaient sur le trottoir pour proposer aux passants des fleurs, des feuilles et des branches et aussi des animaux à poils, à plumes, à écailles et pire encore…

Marie-Apolline procéda avec méthode. Elle savait bien que dans cette jungle-là, un chat pouvait passer inaperçu. Elle regarda le premier magasin dans chacun de ses quatre coins. Rien, pas de Bouboule. Elle entra dans le deuxième magasin qui proposait des souris blanches et des hamsters plus des palmiers nains. Toujours rien. Pas de bouboule en vue. C'est dans le cinquième magasin qu'elle l'aperçut, en hauteur… Il était perché sur la branche d'un petit arbre japonais. Il souriait, aussi heureux là que le chat de l'histoire d'*Alice dans son Pays des Merveilles*! Elle s'approcha et murmura minou-minet… Une vendeuse qui avait gardé sur le bout du nez ses lunettes de soleil, pour vendre les fleurs et les oiseaux exotiques du magasin, lui fit CHUT.

Marie-Apolline tourna la tête et vit près d'elle, un petit roi de onze ou douze ans, pas plus. Il était là, en culottes courtes à faire ses courses, accompagné de sa maman. La vendeuse à lunettes de soleil s'adressa à lui, après avoir fait une révérence :

— Votre Altesse désire-t-elle autre chose ?

Le petit roi, soupira et leva les yeux au ciel. C'est alors qu'il aperçut Bouboule, toujours perché sur la plus haute branche du petit arbre japonais.

— Ce chat… oui, je veux ce chat blanc et noir. Faites-moi un autre paquet cadeau, s'il vous plaît, dit le roi qui avait appris la politesse.

Marie-Apolline pensa « mais Bouboule n'est pas blanc et noir, c'est un chat noir et blanc ! ». Elle fit un pas, pour récupérer son Bouboule et dire bien haut « il n'est pas à vendre ». Mais, la maman du roi avec fermeté et courtoisie l'empêcha d'aller plus loin.

Elle lui dit :

— Mademoiselle, gardez vos distances je vous prie. Le roi doit pouvoir respirer sans gêne l'air pur de Paris.

Marie-Apolline qui avec son frère Louis avait vaincu bien des pirates sur les sept mers du monde, resta bouche bée. C'était la première fois qu'on lui faisait comprendre qu'elle risquait de polluer le paysage d'une manière ou d'une autre.

Muette, elle regarda le roi sortir trois pièces d'or de sa poche et payer la vendeuse en lui disant en français :

— Gardez la monnaie.

Quand elle retrouva ses esprits, c'était trop tard. Son Altesse sortait du magasin, suivi par sa mère et par la vendeuse qui portait deux paquets cadeaux et deux cages.

Marie-Apolline qui avait une bonne vue et qui savait lire, lut sur la première étiquette qui pendouillait du paquet : Perroquet des îles, ara à longue queue. Et, sur la deuxième étiquette : Chat sourire parisien, blanc et noir.

Elle se mit à crier :

—Bououououbouou... lle, mon Bououououbouou... lle !

Tous les clients qui admiraient le jeune roi sortant du magasin, lui lancèrent des regards furieux qui la clouèrent sur place. Le roi s'installa dans sa voiture américaine et prit ses paquets cadeaux sur ses genoux. Sa maman s'assit près de lui. Leur chauffeur démarra sur les chapeaux de roues.

Trois

Marie-Apolline qui avait deux yeux pour voir avait aussi deux oreilles pour entendre… et elle avait entendu le roi ordonner à son chauffeur « vite à l'aéroport ». Elle fit signe à un taxi de s'arrêter, mais pas de chance. Le taxi parisien continua sa route sans faire plus attention à elle qu'à un microbe. Elle fit un autre signe à un autre taxi parisien. Même résultat. Il y avait urgence, alors elle prit tous les risques et se mit au milieu de la rue, les bras grands ouverts. La circulation s'arrêta, bien obligée. Elle demanda au chauffeur de la première voiture qui avait pilé devant elle :

— Pouvez-vous m'emmener jusqu'à l'aéroport ?

Elle ajouta avant même qu'il lui réponde :

— C'est une question de vie ou de mort.

Trois secondes plus tard, elle était assise près du chauffeur qui conduisait d'une seule main son bolide de couleur rouge. De l'autre main, il tambourinait son tableau de bord au rythme du rock qui sortait en direct de son poste de radio.

— Ça ne vous dérange pas si j'écoute *France-Musique* ?

— Pas du tout, mais ce que je veux c'est que vous rattrapiez une grande voiture américaine qui fonce vers l'aéroport, répondit Marie-Apolline en scrutant l'horizon.

Le chauffeur ne dit rien, mais Marie-Apolline tout de suite comprit que la voiture allait tout à coup encore plus vite que la musique. Elle perçait le paysage et doublait toutes sortes de véhicules non identifiables. Ils sortirent de Paris aussi vite qu'un Président de la République qui aurait réquisitionné des motards pour lui ouvrir la route. Ensuite, l'autoroute fut avalée vite fait bien fait. Ils arrivèrent à l'aéroport alors que le roi descendait de sa voiture et demandait, à son hôtesse de l'air personnelle, de déposer dans son avion privé ses deux paquets cadeaux… son ara à longue queue et son chat sourire de Paris.

Marie-Apolline remercia son chauffeur. Il lui demanda :

— Vous êtes de la police ? La police française ou américaine ?

Pour toute réponse elle lui sourit de toutes ses dents blanches et de ses lèvres passées au rouge à lèvres un peu bleu… Quand elle descendit de la voiture, il lui demanda encore :

— Donnez-moi quelque chose, en souvenir de vous…

Elle hésita une seconde et lui murmura :
— Vous, donnez-moi votre adresse. Je vous posterai une photo de moi dédicacée.

Elle fonça à la suite du roi. Elle ne voulait pas le perdre de vue. Il était petit, mais comme il avait gardé sa couronne sur la tête, c'était assez facile de le repérer dans la foule. Il traversait l'aéroport sans même regarder les écrans indiquant les départs pour les quatre points cardinaux. Sa mère marchait deux pas derrière lui… peut-être pour mieux le surveiller.

Arrivé au poste de police, il ne montra ni son passeport ni ses empreintes digitales. Il passa comme un roi, avec sa mère et son hôtesse. Personne ne lui demanda si son ara à longue queue et son chat sourire de Paris avaient une autorisation de quitter le territoire et un carnet de vaccination à jour.

Marie-Apolline les regarda s'éloigner. Elle s'approcha des grandes baies vitrées et repéra sur la piste royale de l'aéroport l'avion du roi. Il avait sur son fuselage une grande lettre en or « R ». Sur la queue de l'avion en lettres bleues et rouges était marqué New-York. Elle sprinta vers une cabine téléphonique, pour appeler chez elle. Puisqu'elle avait oublié son portable. Mais aïe ! Elle n'avait pas de carte de téléphone. Elle jeta un large coup d'œil autour d'elle et vit un homme costumé en dompteur. Il avait sur son dos son sac de voyage, dans une main son fouet pour impressionner les lions et dans l'autre main son téléphone portable. Elle se planta devant lui et sans préalable lui déclara :

— Monsieur, je dois rattraper un chat Parisien qui peut se transformer en une dangereuse bête sauvage, aidez-moi.

Le dompteur fit claquer son fouet. Plusieurs voyageurs paniqués s'enfuirent.

— Où est-il ce chat ?

— Pas loin… mais prêtez-moi, s'il vous plaît, votre téléphone.

Il le prêta. Marie-Apolline appela chez elle. C'est son frère qui décrocha.

— Louis…

— Oui.

— C'est Marie-Apolline. Je suis à la poursuite de Bouboule, je vais m'envoler pour l'Amérique. Dis à maman de ne pas s'inquiéter, j'essaierai de rentrer pour le dîner.

— Quoi ?

— À bientôt mon frère que j'aime. Je pars, je vais m'envoler et…

Clic. Louis avait raccroché !

À l'autre bout du fil Louis un instant s'était demandé si c'était sa sœur ou la Fille des Neiges qui avait téléphoné. Pour ne plus être dérangé il brancha le répondeur.

Quand il vit sur son écran la Fille des Neiges descendre de cheval et suivre le Prince des Glaces vers le haut de la montagne il comprit. C'était elle, cette fille éternelle, sauvée pour toujours, qui venait de lui parler.

Marie-Apolline recomposa son numéro. Elle entendit quelques notes du Printemps de Vivaldi et la voix de sa mère qui lui dit : *Vous êtes bien chez Hélène Missouha, chez Marie-Apolline et Louis. Laissez-nous votre message, merci.*

Elle dit au répondeur « Maman, je pars pour New-York à la poursuite de Bouboule, si tout va bien je rentrerai pour le dîner. Je te fais deux bisous sur tes joues ».

Marie-Apolline arriva en courant au niveau du contrôle de police. Elle avait le souffle court et le rose aux joues. Elle s'écria en regardant les policiers au fond des yeux :

— Sauvez-moi ! Je suis la deuxième hôtesse de l'air du roi, je suis très en retard… c'est à cause des embouteillages qui ont suivi la fin du match. J'étais allée supporter l'équipe de France…

Tout en parlant elle désignait l'avion du roi qui là-bas en bout de piste faisait chauffer ses moteurs. Le plus jeune des policiers qui n'avait pas encore appris à être sévère lui répondit :

— Passez vite et dépêchez-vous.

Elle fila sans demander son reste. Une minute plus tard, elle courait sur la piste. Arrivée à quelques mètres de l'avion elle dit au bagagiste qui faisait monter par la porte arrière les paquets cadeaux :

— Laissez-moi cela, je suis la jeune fille qui doit prendre soin des animaux.

Il fut trop heureux de se débarrasser de l'ara et du chat. Dès qu'elle fut dans l'avion avec lui, il la laissa attacher la ceinture aux deux cages et sa ceinture à elle. Lui, il redescendit.

Le roi, sa mère et la vraie hôtesse étaient à l'avant, aux meilleures places. Le pilote qui était peut-être un ancien cosmonaute prévint les passagers « Mesdames et Messieurs, votre Altesse… je vais vous envoyer en l'air incessamment sous peu. Attention, décollage dans une seconde ».

Les réacteurs de l'avion firent un bruit d'enfer. L'avion roula et roula et roula. Il décolla. Super. Il s'envola et, encore heureux pour tous les passagers, il ne retomba pas comme une crêpe.

Quatre

Hélène Missouha se regardait dans le miroir de l'ascenseur qui la montait à son douzième étage. Elle se souriait. Elle se trouvait belle. Ses cheveux blonds étaient plus frisés que la jungle d'Amazonie. Toutes ses mèches étaient à ressort. Pour une coiffure pétillante c'était une coiffure pétillante !

Elle entra chez elle et s'écria :

— Mes chéris, venez voir ça. Venez admirer votre mère… Je suis coiffée au Champagne !

Elle n'obtint aucune réponse.

Personne dans le salon, personne dans la cuisine, personne dans la première chambre, personne dans la deuxième chambre. Avant de se croire seule au monde elle ouvrit la porte de la salle de bain. Son fils, Louis, était là, aussi nu qu'un poisson qui vient de prendre sa douche au milieu de l'océan. Un bref instant Louis ne reconnut pas sa mère. Il pensa « C'est elle, c'est la Fille des Neiges. Elle a dit adieu au Prince des Glaces et elle vient partager ma vie et mes jeux ».

— Louis, tu rêves ou quoi ?

Il constata que c'était bien sa mère. Il se noua une grande serviette autour de la taille et lui dit :

— T'es super belle. T'es en vrai ou t'es virtuelle ?

— Je suis en chair et en os et en frisettes si c'est ce que tu veux savoir. Où est ta sœur ?

— Marie-Apolline ?

— Tu n'as qu'une sœur, non ?

Louis réfléchit un peu avant de répondre.

— Je crois qu'elle est partie avec son chat.

— Tu crois… tu crois… elle est où avec son chat ?

— Je ne sais pas. J'étais avec la Fille des Neiges et le Prince des Glaces…

Hélène revint dans le salon et resta un instant devant sa fenêtre ouverte afin que le ciel bleu puisse l'admirer un peu. Elle remarqua la lumière clignotante sur son téléphone, la lumière du répondeur. Elle appuya sur la touche et écouta. Il n'y avait qu'un message, le message de Marie-Apolline. Elle s'assit et écouta une seconde fois.

Elle appela Louis. Il arriva complètement habillé, avec le maillot numéro 23 des Chicago Bulls passé sur son t-shirt blanc.

— Écoute ça.

Louis écouta.

— Qu'est-ce que ça veut dire ?

Il se concentra autant qu'un champion de basket qui doit tirer deux coups francs à la dernière seconde d'un match alors que son équipe est menée d'un point.

— C'est Marie-Apolline… elle est partie à New-York, puisqu'elle le dit.

Hélène n'eut pas besoin d'un dessin ou d'une explication complémentaire. Elle connaissait assez bien sa fille Marie-Apolline, pour la croire sur parole. Si elle avait dit « Je pars à New-York », c'est qu'elle partait à New York, ni plus ni moins. Elle était comme cela Marie-Apolline. Elle disait ce qu'elle faisait, ce qu'elle voyait, ce qui se passait… le plus simplement du monde. Quand elle avait déclaré un soir à table « Demain je n'irai pas à l'école, je fais grève », elle n'était pas allée à l'école. Elle avait fait grève. Pourquoi ? Pour protester contre son livre d'Histoire de France qui ne citait aucune femme parmi les grands hommes du vingtième siècle !

Hélène eut envie de s'arracher les cheveux. Sa fille… partie à New-York ! C'était insensé. C'était pire que la Terre qui tremble, pire qu'un volcan qui crache du feu, pire qu'un empoisonnement après avoir mangé quelques méchants cousins des trompettes de la mort. À New-York, il y avait certainement des loups dans les rues, peut-être même des crocodiles et sans doute des cow-boys ivres de whisky. New-York c'était la ville la plus dangereuse du monde. Là-bas, Marie-Apolline serait certainement obligée de manger des big-hamburgers qui font grossir…

Que faire ?

Téléphoner au SAMU ? Aux pompiers ? Au premier ministre ?

Hélène pour bien pleurer sur son sort laissa couler toutes ses larmes. Au milieu de ses sanglots elle dit « Et son père Celui-là inutile de lui téléphoner… que sa fille soit à New-York ou sur la Lune ça ne lui ferait ni chaud ni froid »

Elle ne prit même pas le temps de tourner sept fois sa langue dans sa bouche avant de se décider. Elle attrapa son sac d'une main, de l'autre elle serra la main de Louis son unique fils et elle dit :

— Vite, courons au commissariat de police.

Le commissariat n'avait pas changé de place. Il était toujours là, devant l'église. Deux policiers gardaient la porte. Hélène s'adressa au plus jeune qui était vraiment très jeune. Elle pensa « Celui-là, il a dû demander l'autorisation à ses parents avant de porter un revolver à sa ceinture ».

— Monsieur le policier s'il vous plaît, je veux voir le commissaire.

— Le commissaire ?

— Oui, lui-même.

— Vous avez rendez-vous ?

— Non.

— Alors c'est impossible madame…

— Monsieur le policier, je verrai le commissaire ou le ministre de la police en personne, c'est moi qui vous le dis !

Louis regardait sa mère. Il l'admirait. Elle avait au moins autant d'autorité qu'un arbitre de basket ou de foot. Le jeune policier qui était peut-être un sportif lui dit :

— Madame, entrez et asseyez-vous là, dans la petite salle d'attente. Je vais voir ce que je peux faire pour vous.

Hélène s'assit. Louis resta debout près d'elle.

— New-York ! s'exclama-t-elle. New-York mais il y a plein d'Américains là-bas…

Cinq

Le jeune policier revint vite. Il était accompagné d'un homme à moustaches qui avait aux pieds une super paire de baskets complètement à la mode ; un homme qui en plus avait des cheveux courts mais frisés. Cet homme-là s'inclina devant Hélène Missouha, un peu à la façon d'un présentateur de la télévision qui dit bonjour en direct à des millions de gens.

— Madame, je suis le lieutenant Marcel Calder, pour vous servir. Voulez-vous bien me suivre.

Hélène suivit, Louis aussi.

Quand ils furent assis dans le bureau du lieutenant, avant toute chose, il leur proposa un café… noir ou au lait, un café avec du vrai café ou du décaféiné. Il y avait le choix, mais Hélène était trop énervée, pour boire du café.

— Je vous écoute madame…

— Missouha… Hélène Missouha monsieur le commissaire.

— Lieutenant, je ne suis que lieutenant de police !

— Voici monsieur le lieutenant : ma fille, ma Marie-Apolline a disparu. Elle est probablement à New-York avec Bouboule, son chat.

Le lieutenant qui était resté debout, pour mieux écouter, crut qu'Hélène Missouha se moquait de lui. Mais quand il eut entendu toute l'histoire, il fut convaincu que cette mère-là disait la vérité et que sa fille était bien là-bas, quelque part à New-York. Il se voulut rassurant.

— Chère Hélène Missouha, ce n'est pas trop grave. Une jeune fille comme Marie-Apolline est plus en sécurité à New-York certainement qu'au fond d'une forêt.

— Mais… Monsieur le lieutenant…

— Chère Hélène Missouha, la police de New-York va certainement nous téléphoner. En attendant, moi je vais appeler New-York et je vais leur dire de chercher dans chaque quartier. Avez-vous une photo de votre fille ?

Hélène fouilla dans son sac, récupéra son porte-cartes et juste à côté de sa carte de crédit trouva une photo d'identité presque récente de Marie-Apolline. Elle la remit à l'inspecteur. C'était une photo prise en début d'année, Marie-Apolline avait des couettes.

— Elle est belle cette fille, elle est aussi belle que sa maman, osa l'inspecteur qui remarqua, elle n'a pas les cheveux frisés.

— Elle n'a pas les cheveux frisés et aujourd'hui elle n'a plus de couettes, informa Louis.

— Elle n'a plus de couettes…

— Aujourd'hui ma sœur ressemble à la Fille des Neiges et je crois bien qu'il faudrait qu'un policier de New-York ressemble au Prince des Glaces pour la délivrer.

— Pour la délivrer, mais de qui ? s'inquiéta le lieutenant.

— Pour la délivrer des bandits… ceux qui ont kidnappé son chat pour mieux la kidnapper elle.

L'inspecteur posa la photo sur son bureau, il regarda dix secondes Louis au fond des yeux avant de regarder de la même manière dix secondes Hélène. Il questionna :

— Vous a-t-on demandé une rançon ?

— Non. Non.

— Disposez-vous d'une grande fortune ?

— Lieutenant, je n'ai qu'un petit salaire minimum pour vivre et j'élève seule mes enfants. Je suis une femme seule…

— Non madame, vous n'êtes plus seule. Je suis là près de vous, avec vous, pour vous aider, pour…

— Pour retrouver ma fille, oh ma si toute petite fille ! pleura Hélène qui avait des sanglots en réserve.

Le lieutenant sortit de sa poche un vrai mouchoir en coton et l'offrit à Hélène Missouha pour se sécher les yeux. Il prit mille renseignements indiscrets du genre âge de Marie-Apolline, âge de son frère, âge de sa mère…

Adresse, numéro de téléphone etc. Quand ce fut fait, il se leva et dit :

— Comptez sur moi. Ne bougez pas de chez vous. Moi j'envoie tout de suite un mail officiel à New-York et j'appelle un copain, un policier américain qui travaille au commissariat du dix-septième district.

— Lieutenant, merci. Tenez je vous rends votre mouchoir.

— Non. Gardez-le chère Hélène et ne m'appelez plus jamais lieutenant, mais Marcel…

— Merci Marcel, merci.

Louis qui ne s'inquiétait pas plus que ça pour sa sœur, regardait l'inspecteur et sa mère, de ses deux yeux. Dès qu'ils furent seuls dans la rue il dit à sa mère :

— Cet inspecteur Marcel n'a pas cessé de te regarder à cent pour cent.

— À cent pour cent dis-tu ?

— Oui… comme un peintre qui aurait voulu faire ton portrait.

Six

L'avion du roi s'était posé sans encombre sur une piste d'atterrissage privée d'un aéroport privé de la banlieue de New-York, aéroport réservé à quelques rois d'Amérique et à leurs amis. Le vol s'était bien passé. Au-dessus de l'océan Atlantique le temps avait été parfait et aucune turbulence n'était venue troubler le voyage royal. Ni Bouboule ni l'ara à longue queue n'avaient eu le mal de l'air. Marie-Apolline pour passer le temps s'était récité dans sa tête tous les poèmes qu'elle connaissait. Après, elle avait révisé à voix basse l'anglais qu'elle avait appris avec Jane, la baby-sitter qui jusqu'à l'année dernière les gardait, elle et Louis le soir après l'école plus le mercredi et pendant une partie des vacances.

Quand elle avait reconnu la statue de la Liberté, devant la ville, elle avait prévenu Bouboule. « On arrive mon chat. Ne te fais pas de soucis, je ne vais pas te laisser entre les pattes de ce petit roi américain ». Ensuite, elle s'était cachée sous les sièges, se disant à elle-même « Prudence, avec les Américains rien n'est sûr… peut-être même qu'ils condamnent les passagers clandestins à la peine de mort ! »

Le petit roi, tout fier de lui, avait quitté l'appareil en portant seul ses cages avec son ara et Bouboule. Il descendit la passerelle et à peine eut-il mis un pied sur la piste, qu'une longue voiture américaine arriva. Une voiture tellement grande qu'il avait dû la commander chez un concessionnaire spécialisé dans les familles nombreuses !

Un chauffeur en descendit. Il ôta sa casquette, ouvrit l'une des portes arrières et un vieux monsieur, péniblement sortit le bout de son nez, puis un pied et un autre. Quand cet homme-là fut debout sur la piste, le petit roi s'approcha et lui dit :

— Bonjour papa.

Le papa du roi se pencha en avant et embrassa son fils sur le front. Le roi reprit la parole et dit :

— Mon cher père, nous avons désormais deux pensionnaires de plus pour nos appartements de New-York et pour nos châteaux du Connecticut et de Californie. Voilà.

Il posa la cage de son ara et celle de Bouboule aux pieds de son papa.

Marie-Apolline qui avait en catimini quitté l'avion regardait la scène. Après être descendue, elle s'était cachée derrière le train d'atterrissage. Elle était vraiment bien placée, exactement au premier rang. Elle voyait et entendait.

La reine mère dit :

— Dépêchons-nous. J'ai hâte d'être chez moi pour prendre un bain de lait de coco.

Le chauffeur qui avait ouvert une seconde porte de l'arrière se mit au garde à vous quand la maman et le papa du roi montèrent dans la voiture. Il referma la porte délicatement et se remit au garde à vous pour laisser monter derrière eux, par l'autre porte, le roi et son ara et Bouboule. Ensuite, il fit le tour de sa grosse et longue Américaine pour aller s'installer au volant.

Marie-Apolline avait, vite fait, étudié la situation et comprit qu'il n'y avait pas mille solutions, mais une seule ! Avant que la big-voiture américaine ne démarre, elle s'allongea sur le coffre arrière se tenant tant bien que mal à l'antenne radio qui plantée là ressemblait à s'y méprendre à une grande canne à pêche spéciale baleine. La voiture roula normalement sur une petite route, pendant un bon quart d'heure. À l'intérieur, le roi demanda au chauffeur de mettre un peu de musique.

— S'il te plaît mon fils, pas de rock… je ne supporte pas cette musique de fou, dit la mère du roi.

— J'entendrai bien un peu de jazz…

La mère du roi soupira mais ne fit aucun commentaire. Quelques secondes plus tard une trompette, une batterie et un piano musiquèrent. Le petit roi ferma les yeux et se laissa faire par les rythmes. Il ouvrit légèrement sa vitre pour que le paysage profite du concert. Marie-Apolline entendait tout à présent, mais elle avait une crampe.

Elle décida de changer de position… ce qu'elle fit, en tenant l'antenne à pleines mains exactement comme elle avait vu faire les barbares sur l'écran de Louis, quand ils saisissaient leur sabre à double tranchant pour décapiter les mécréants… Marie-Apolline provoqua des parasites et la musique perdit son charme.

— Que se passe-t-il ?

— Votre altesse, nous entrons en ville et ce sont les immeubles certainement qui agacent la musique, répondit le chauffeur.

L'ara du roi et Bouboule avaient été sages jusqu'à présent. Tellement sages que le roi, confiant, les avait sortis de leurs cages afin qu'ils profitent mieux du confort de la voiture. L'ara qui était encore plus mal élevé que Bouboule, sans demander la permission, décida de s'envoler un peu dans cette big-voiture, histoire de se dégourdir les ailes. Alors là, ce fut aussi terrible que si une comète était tombée sur la Terre. Le chapeau de la maman du roi voltigea ainsi que la casquette du chauffeur. Le nœud papillon du papa chercha refuge dans la poche de sa veste de soie… La voilette du chapeau qui avait imité une crêpe un soir de chandeleur retomba sur le visage du chauffeur qui fut terrifié. Il roula à gauche à droite et zigzagua avant d'entrer en klaxonnant dans la cinquième avenue.

Le roi qui aimait beaucoup les manèges avait

trouvé l'incident comique. C'est lui qui avait calmé le perroquet en lui arrachant définitivement deux plumes ! Marie-Apolline elle, avait réussi à ne pas passer par-dessus bord.

À présent, en pleine cinquième avenue, à New-York, elle était debout sur le coffre de la big-voiture. Mains levées au-dessus de sa tête, elle tenait l'antenne. Elle ressemblait à une de ces artistes de cirque qui après être montées tout en haut d'une corde s'y maintiennent avant de tourner autour, dans l'espace. De chaque côté de la cinquième avenue, sur les trottoirs, il y avait des milliers d'hommes de femmes et d'enfants qui applaudissaient.

Tous les vingt mètres, un policier en uniforme de parade ressemblait à une statue de marbre.

Marie-Apolline se dit « Mais que se passe-t-il ici, ils attendent le Pape ou l'Empereur de Chine ou le Président d'une mine de pétrole ? ».

Elle n'eut pas le temps de se répondre. La voiture du roi sur laquelle elle était toujours en équilibre, stoppa sans prévenir et… splach, Marie-Apolline fit un vol plané devant la foule, en direct et sans effets spéciaux. Quand elle retrouva le sol sous ses pieds, incroyable elle se tenait debout. Son cœur battait toujours, ses paupières fonctionnaient et elle pouvait aussi ouvrir et fermer la bouche sans mal. Même, son rouge à lèvres un peu bleu ne s'était pas envolé. Elle pensa « Vraiment, les chaussures à talons hauts de ma mère viennent de me sauver la vie. »

Autour d'elle les applaudissements continuaient.

Il y avait des caméras de télévision de tous les côtés. Un grand cow-boy s'approcha. Il avait deux colts à la ceinture. Il enleva son chapeau et le jeta au ciel. Ce fut le signal. La foule se tut et un orchestre que Marie-Apolline n'avait pas encore remarqué se mit à jouer une symphonie.

Quand la musique s'arrêta, le cow-boy fit trois pas vers Marie-Apolline et lui déclara en américain, ainsi qu'à la foule :

— Chère Missmoiselle, c'est un immense honneur pour moi, le maire de New-York, de vous accueillir ici, vous, notre star, notre reine élue, vous qui désormais et pour toujours porterez le titre de Reine des arachides.

Les citoyens de notre ville ont fait le bon choix. Permettez-moi avant que les fleurs ne vous soient remises de vous embrasser sur les deux joues. Sans attendre de réponse, le maire embrassa Marie-Apolline qui en resta bouche bée. Deux petites filles s'approchèrent. L'une était belle et noire, habillée en blanc. L'autre était blanche et belle, habillée de noir. Elles offrirent chacune un petit bouquet à Marie-Apolline qui ne sachant trop quoi dire ou quoi faire, les embrassa sur le bout du nez. La foule se remit à applaudir.

Le maire qui avait gardé son micro annonça :

— Et maintenant mesdames et messieurs, le Président Directeur Général de la *Cacahuète In Co* va lui-même peser la nouvelle reine pour lui remettre ensuite son poids en or.

Le Président Directeur Général de la *Cacahuète In Co* arriva, sans cheveux mais avec des bagues pleins les doigts. Deux grands gaillards qui devaient probablement être ses esclaves portaient une balance. Ils firent Marie-Apolline s'asseoir sur l'un des plateaux. Sur l'autre, ils commencèrent à entasser des lingots d'or. Toute la foule comptait en chœur, chaque fois qu'un lingot s'ajoutait aux autres «...sept… huit… neuf… »

Quand ce fut l'heure des cocktails, sous le chapiteau qui était monté là, Marie-Apolline qui n'avait encore pas dit un mot, but un grand verre de jus de fruits exotiques aux cacahuètes. Et, comme elle avait encore soif elle avala presque sans respirer trois grands verres de vin de Californie parfumé aux cacahuètes.

Sept

Les heures s'étaient écoulées. Au matin Hélène Missouha avait une fois de plus téléphoné au commissariat. L'inspecteur Marcel Calder l'avait rassurée comme il avait pu. Lui aussi était inquiet et il venait de prévenir toutes les polices du monde. La photo de Marie-Apolline avec ses couettes avait été diffusée derrière toutes les frontières connues.

Marcel Calder n'avait pas chômé. Il avait lu et relu le nom de tous les passagers ayant quitté Paris pour New-York. Rien. Pas de Marie-Apolline Missouha. Il avait interrogé deux fois Louis qui lui avait raconté en détail la victoire du Prince des Glaces. Rien non plus du côté des commerçants du quartier et toujours pas de rançon demandée. Le mystère s'épaississait. Et puis, la plus grande bizarrerie, c'était quand même que Marie-Apolline n'avait pris avec elle aucun vêtement de rechange. Elle avait même laissé là sa brosse à dents. Marcel Calder avait écouté dix fois le message laissé sur le répondeur.

Il l'avait fait écouter à des experts qui avaient été formels : la communication était bien partie d'un aéroport et très probablement de l'aéroport de Paris.

Derrière la voix de Marie-Apolline, ils avaient deviné en fond une annonce précise d'une grande compagnie aérienne et quelques bruits bien reconnaissables pour eux.

— Alors ?

— Alors, le meilleur des policiers ne peut rien faire quand la moindre piste est bouchée. Quand il est impossible d'aller plus loin.

Il fallait attendre et attendre.

À cette heure, John Nicholson du dix-septième district patrouillait dans New-York avec son coéquipier. C'était un as. S'il y avait quelque chose à trouver, il trouverait. Si Marie-Apolline était dans sa ville, morte ou vive, il la repérerait. C'est ce qu'il avait dit à son petit pote Marcel Calder qui lui-même l'avait répété à Hélène Missouha, en changeant quelques mots.

Marcel Calder arriva vers midi chez Hélène Missouha. Il était passé chez le traiteur acheter quelques provisions de bouche et une bonne bouteille de vin rouge. Il trouva Hélène juchée sur son vélo d'appartement. Elle faisait lui confia-t-elle, la course avec elle-même. Ils firent le point et mangèrent un peu. Louis n'était pas là. Comme chaque jeudi il était à l'école. Quand Hélène lui dit cela « Louis est à l'école », elle ne put s'empêcher de pleurer une nouvelle fois, en articulant dans ses larmes « Et ma petite Marie-Apolline, ma toute petite, elle aussi devrait être à l'école. Où est-elle ? Où est-elle en ce moment même ? »

Marcel était un inspecteur de police qui avait un vrai cœur dans la poitrine. Il prit Hélène dans ses bras pour la calmer et la consoler. Il lui murmura « Allons, votre petite va revenir, je la trouverai avant l'été, c'est sûr et même avant Pâques. Hélène, mon Hélène, je ferai cela pour vous ». Tout en parlant, il la serrait de plus en plus fort, si bien qu'elle fut en un rien de temps comme sa prisonnière. Sans réfléchir, il l'embrassa sur le front et ensuite sur le nez, en répétant entre chaque baiser « Hélène, mon Hélène votre petite Marie-Apolline, je vais vous la retrouver… je vais vous la retrouver ».

Après qu'il lui eut répété cela au moins dix fois, il lui servit et il se servit un verre de vin rouge. Ils s'assirent l'un près de l'autre sur le canapé et Hélène, machinalement alluma la télé. Il était presque treize heures. Ils virent une publicité avec un homme et une femme faisant du ski l'un à côté de l'autre. Une voix accompagnait les images, « *Pour que votre amour soit éternel allez skier sur les neiges éternelles* ». Marcel sans réfléchir se serra un peu plus contre Hélène.

Et puis, ce furent les informations. Le monde continuait à tourner, mais mal. Après avoir parlé un peu de la France qui préparait ses élections, le journaliste montra quelques images de sport. Du foot, du vélo aussi parce que justement la saison venait de vraiment commencer entre Paris et Nice.

Après, les nouvelles du reste du monde commencèrent, avec l'organisation d'élections démocratiques en Afrique. Et puis après l'Afrique, ce fut autour de l'Amérique.

Le journaliste annonça: « aux États-Unis, les extravagances des grands présidents de sociétés sont nombreuses, chacun le sait. Le président directeur général de la *Cacahuète In Co*, qui est aussi adjoint au maire de New-York, avait organisé une grande fête dans la cinquième avenue pour remettre son poids en or pur à celle qui sur photo fut élue Reine des arachides. Plusieurs milliers de jeunes américaines avaient adressé une photo d'elles croquant des cacahuètes. Les unes croquaient dans une piscine, les autres en promenant leur chien ou en regardant la télé. Bref, la reine élue presque à l'unanimité avait envoyé une photo d'elle alors qu'elle croquait des cacahuètes en écrivant au Président une longue lettre pour lui demander de rendre obligatoire la distribution de cacahuètes à l'école. C'est donc elle, la plus belle qui en plus a eu la meilleure idée qui a été élue. La voici au moment de la cérémonie. »

Les images qui n'avaient montré jusqu'alors que la foule dans la cinquième avenue, donnèrent à voir le maire de la ville lançant son chapeau en l'air, devant la reine…

— Mais…

Marcel se serra un peu plus contre Hélène.

— Mais…

La télévision fit un gros plan sur la reine et on la vit précisément des pieds à la tête, avec ses cheveux longs, ses lèvres peintes avec du rouge un peu bleu et plus bas, encore plus bas ses chaussures à talons hauts.

— Mais, c'est elle ! C'est ma fille et ce sont mes chaussures !

Hélène s'était levée et écrasait presque son nez sur l'écran pour tenter de mieux voir encore. Elle se mit à parler à l'image, comme si sa fille aurait pu lui répondre. C'était bien sûr impossible puisque le reportage n'était pas présenté en direct. Hélène parlait, parlait… « Ma toute petite, mon amour, ma chérie, je vais faire un procès au président des cacahuètes et au maire de New-York. Oh, que je t'aime ma petite poulette à moi… »

Marcel qui en fin limier de la police avait tout compris téléphonait à New-York. On réussit à lui passer John Nicholson qui était dans sa voiture de service. Il patrouillait dans une sale rue du Bronx. En deux mots John comprit tout. Il dit à son petit pote de Paris.

— C'est comme si c'était fait, ta petite môme Marie-Apolline je vais la récupérer.

La publicité sur les neiges éternelles passait de nouveau. Hélène était détendue. Elle s'était maquillée légèrement le visage et ses cheveux semblaient avoir des ressorts neufs. Marcel la trouva très belle. Il lui dit :

— Bien que je sois en service, est-ce que je peux vous faire, chère Hélène, une déclaration d'amour ?

— Une déclaration de neiges éternelles ?
— Presque…
— Déclarez Marcel…

Il déclara et il l’embrassa. Il cessa de l’embrasser pour commander deux billets d’avion dans le prochain vol pour New-York.

Huit

Le vin de Californie, même parfumé aux cacahuètes, peut faire tourner la tête. Marie-Apolline avait bu trois grands verres, ce qui faisait trois grands verres de trop. En pleine réception elle s'était endormie. Le jeune roi qui avait assisté à la cérémonie de couronnement faisant d'elle la reine des cacahuètes dit à sa maman :

— Allongeons-la dans notre voiture et menons-là jusqu'à nos appartements. Elle s'y reposera et demain nous organiserons une grande fête en son honneur nous aussi… une fête sans vin.

Ce fut fait. Marie-Apolline commença ses rêves bien allongée dans la voiture royale et les continua, au cent vingt-deuxième étage d'un gratte-ciel en acier et en verre, dans la chambre d'amie dite du grand sommeil. Le lendemain matin quand elle se réveilla, elle fut obligée de faire un effort, pour se convaincre qu'elle avait les deux yeux bien ouverts et qu'elle ne rêvait pas.

D'un côté de son lit, sur une table en bois de rose, dans un vase en fine porcelaine de Chine un bouquet de cent orchidées parfumait la chambre. De l'autre côté, sur une table moderne, à roulettes, était posé un grand plateau d'argent sur lequel patientait un somptueux petit déjeuner.

Quel choix !

Marie-Apolline pouvait goûter tout aussi bien du thé aux sept saveurs des îles, que du cacao vanillé ou du lait de chamelle préparé au sucre d'érable. S'ajoutaient à cela quelques belles gourmandises ! Des crêpes bretonnes, du pain grillé de Zanzibar et même des pinces de crabe-cocotier caramélisées.

Que faire d'autre que déjeuner ?

Elle déjeuna.

Elle s'aperçut alors qu'elle était vêtue d'une chemise de nuit de fine cotonnade, brodée de perles fines. Face à elle, sur un présentoir son blue-jean et sa marinière impeccablement repassés attendaient. Près d'eux ses chaussures à talons étaient plus neuves que neuves.

Vers midi, habillée et parfumée, elle parcourut quelques couloirs, ouvrit trois douzaines de portes et enfin découvrit le jeune roi.

— Avez-vous bien dormi ?

Surprise, Marie-Apolline ne sut que répondre « Oui, très bien. »

Le roi, aussi simplement qu'il l'aurait fait pour s'adresser à une fille non encore reine lui précisa le programme de fête de la journée. Deux orchestres venaient d'arriver, les jongleurs et les cracheurs de feu étaient là eux aussi.

Ils parcoururent quelques pièces et les terrasses ainsi que le jardin suspendu… du cent vingt-deuxième étage. Il y avait partout des friandises et des boissons. Le roi précisa :

— Mes cuisiniers préparent la soupe aux écrevisses, l'igname à la sauce gluante, les moules frites et quelques autres plats exotiques de premier ordre. Nous allons avoir tant d'invités différents.

Justement, les premiers invités arrivaient. Il y avait des sénateurs et des ministres, des chanteurs et des sportifs, des héros de la guerre et des écrivains célèbres. Quelques-uns avaient des habits de cérémonie, d'autres des vêtements traditionnels. Ainsi quelques cow-boys côtoyaient pacifiquement des chefs indiens.

L'orchestre commença par jouer un vrai rock and roll.

— J'espère que ma musique préférée ne va pas fâcher maman, dit le roi.

Il proposa à Marie-Apolline :

— Voulez vous ouvrir le bal avec moi ?

Marie-Apolline n'avait pas eu l'occasion de danser le rock depuis la dernière kermesse de son école. Mais comme le roi lui avait murmuré à l'oreille « Ce bal est votre bal, c'est vous la reine du bal », elle lui dit exactement comme une vraie Américaine :

— Okay, allons-y.

Ils dansèrent. Heureusement que la couronne royale était bien enfoncée sur la tête du roi, parce que le rythme… les sauts… et toutes les contorsions de la danse créaient bien des dangers. Ouf. Après le rock ce fut une valse. Marie-Apolline et le roi s'assirent sur des coussins, un verre de jus de fruit à la main. C'est alors que Bouboule arriva. Il avait dormi au soleil à côté des hibiscus et des lauriers roses du jardin suspendu. Il sauta sur les genoux de Marie-Apolline, miaula de plaisir. Elle le serra contre sa poitrine et il lui ronronna dans le cou, lui léchant même une oreille !

— Mon chat vous aime beaucoup remarqua le roi.

— Votre chat ! Mais, Altesse ce chat… c'est mon chat.

— Non, c'est mon chat. Le mien à moi, insista le roi qui ajouta, je l'ai acheté à Paris.

— Je sais bien que vous l'avez acheté à Paris, mais ce chat croyez-moi c'est quand même mon chat.

Le roi qui n'écoutait plus la musique qui jouait à présent un air d'opéra, ouvrit la bouche mais… ne dit rien. Marie-Apolline reprit :

— C'est mon chat, c'est une longue histoire… mais c'est vrai que vous l'avez acheté.

Le roi se leva. Il salua un ambassadeur qui venait d'arriver. Debout devant Marie-Apolline, il s'interrogea à haute voix. « Votre chat est aussi mon chat. Il est à vous dites vous mais je l'ai acheté pour moi. Quelle affaire ! Qu'allons nous faire ? ».

Après un instant de réflexion, il déclara :

— Ce n'est guère possible qu'il vive chez vous et que vous m'accordiez un droit de visite, plus sa présence chez moi pendant la moitié des vacances scolaires… Que faire ?

Comme un écho la voix de Marie-Apolline répéta « Que faire ? ».

J'ai une idée, annonça le roi.

— Épousez-moi. Épousez-moi ainsi mon chat sera votre chat et votre chat mon chat !

Il se leva, respira profondément l'air de New-York qui planait là, au cent vingt-deuxième étage. Ensuite, il posa un genou à terre devant Marie-Apolline et lui demanda :

— Marie-Apolline, voulez-vous m'épouser ?

— Mais… je dois demander la permission à ma mère, répondit Marie-Apolline qui tenait toujours contre elle son chat Bouboule.

Neuf

Juste au moment où Marie-Apolline répondait au roi « Je dois demander la permission à ma mère », il se produisit un effroyable vacarme. Rien à voir avec la musique. Non. C'était, d'un côté l'ara à longue queue qui avait pris son envol dans les salons et qui épouvantait les invités et d'un autre côté, un policier arme à la main qui criait « Que personne ne bouge ». Ouille… plusieurs femmes et quelques hommes s'évanouirent. Heureusement, il y avait dans l'assistance trois médecins et plusieurs dignitaires de l'Église qui tout de suite assistèrent ceux et celles que la peur avait terrassés.

Le roi qui au moment de la panique avait toujours un genou à terre, se leva royalement et simplement questionna :

— Que se passe-t-il ?

— Police de New-York et police de Paris répondit l'homme au revolver qui n'était autre que John Nicholson. Il ajouta : nous venons chercher la jeune Marie-Apolline que vous séquestrez.

Comme lui, Marcel Calder avait dégainé son arme de service et s'apprêtait si nécessaire à faire feu pour sauver Marie-Apolline, la fille de sa chère Hélène Missouha qui était là, à peine en arrière.

Silence.

L'ara à longue queue venait d'être capturé par un vieux chef indien. Tous les invités immobiles, écoutaient. C'est alors qu'un cri venu du plus profond du cœur de mère d'Hélène Missouha se fit entendre au cent vingt-deuxième étage du gratte-ciel.

— MaaaaaaaFiiiiille… maMaaaaaarie-Maaaaaarie…

Propulsée par son amour de mère et peut-être même par ses cheveux à ressorts, Hélène sauta près de son enfant qui était toujours assise sur son coussin et qui toujours serrait Bouboule dans ses bras.

— Ma fille… j'ai eu tellement peur ! Ma petite chérie…

— Mais maman, j'avais laissé un message pour dire que je partais en Amérique !

Moins d'une minute plus tard, John et Marcel avaient rangé leur arme. Le roi leur avait fait servir un rafraîchissement sucré. John qui préférait un bon whisky à n'importe quelle autre boisson dit tout haut :

— Pas possible, c'est du pipi de chat qu'on nous a servi !

— Probable, acquiesça Marcel.

Le roi avait fait les présentations et sa maman et son papa parlaient à présent avec la maman de Marie-Apolline. La musique reprit et la fête continua.

Le roi qui tenait déjà Marie-Apolline par la main rejoignit avec elle Hélène qui se dirigeait vers les friandises. Il la salua une nouvelle fois et lui demanda :

— Madame acceptez-vous de me donner la main de votre fille ? Madame je l'aime et j'aime son chat…

Surprise, Hélène interrogea sa fille chérie du regard. Marie-Apolline dit à son tour :

— Maman c'est vrai qu'il m'aime et qu'il aime mon chat !

— Mais Marie-Apolline et toi, toi…

— Moi maman, je l'ai déjà suivi jusqu'à New York.

Avant de répondre oui ou non à la demande du roi, Hélène regarda sa fille droit dans les yeux et lui dit :

— Ma petite Marie-Apolline, moi aussi…

— Quoi ?

— Je veux me marier… l'inspecteur Marcel Calder veut m'épouser.

Marie-Apolline embrassa sa maman et lui dit :

— Okay, c'est de ton âge… tu peux l'épouser.

Le soir même, du cent vingt-deuxième étage du gratte-ciel, Marie-Apolline téléphona à Paris, à son frère Louis. Elle lui raconta dans le moindre détail tous les événements. Rien ne l'étonna. Il se contenta de lui répondre :

— C'est un peu dommage tout ça… j'avais pensé que tu aurais pu être aimée par le Prince des Glaces, moi je serais parti à l'aventure avec la Filles des Neiges.

Couverture
Cécile Vallée
http://lestoilesdaz.canalblog.com

Crédit photos intérieur : Fotolia

Maquettiste : Élisabeth Robert
Correction : Marie Olivier-Ziglioli

http://www.editionsvolpiliere.com
Ce livre a été édité par les Éditions Volpilière
32, rue de Berne
78990 Élancourt
editionsvolpiliere@gmail.com

Impression SEPEC
Imprimé en France

Dépôt légal troisième 2009
ISBN978-2-917898-14-7